Der Rechtschreib-Silben-Lotse

Strategisches Rechtschreibtraining nach Buschmann und FRESCH

Lösungen

Schulbuch unabhängiges Schülerarbeitsheft ab Klasse 4
mit 78 Arbeitsblättern für den Klassen- und Förderunterricht

Vorwort

Liebe Kolleginnen,
liebe Eltern,

die Buschmann- und die daraus weiterentwickelte FRESCHmethode sind mittlerweile zu den erfolgreichsten Förderkonzepten innerhalb der Bundesrepublik geworden. Dahinter verbirgt sich ein strategiegeleitetes Förderkonzept, welches sehr leicht von Lehrern, aber auch Eltern umgesetzt werden kann. Es besticht durch seine Einfachheit und nur wenigen anwendungsfreundlichen Regeln. Dabei baut es auf den natürlichen Sprechrhythmus auf, welcher seit frühester Jugend durch den silbischen Aufbau beim Sprechen, Singen und durch Kinderreime verinnerlicht wurde.

Das vorliegende Schülerarbeitsheft versucht nun erstmals diese Strategien in die bekannten Rechtschreibprobleme einzubinden. Da grundsätzlich das Lesetraining Vorrang hat, steht das rhythmische Sprechen zunächst im Vordergrund. Im Folgeschritt werden die Strategien wie silbierendes Schreiben, Verlängern, Ableitungen und Merkworttraining am individuellen Rechtschreibproblem, z. B. „ie“ bzw. Konsonantenverdopplung geübt.
Die Rechtschreibübungen beginnen zunächst mit lauttreuen Wörtern. Je nach Übungseinheit erfolgen Anwendungen zum Verlängern und Ableiten. Da ab Klasse 4 auch zunehmend weniger lauttreue Wörter verwendet werden, folgt ein Merkworttraining. Den Abschluss jeder Einheit bildet die Anwendung der hierbei gelernten Strategien in einem motivierenden Lesetext. Mittels 4 Symbolen können die darin enthaltenen Aufgaben gelöst werden. Nur so wird sicher gestellt, dass deren Übertragung auf fremde Texte letztendlich auch gelingt.

Eine ausführliche Einführung in die Fördermethode erhalten Sie vom selben Autor in unserem Verlag.

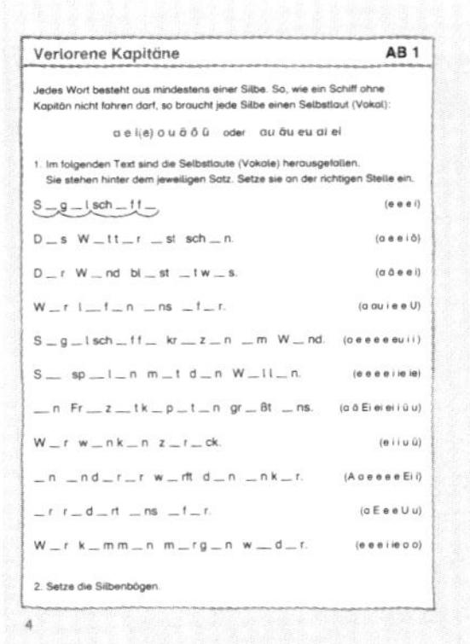
Verlorene Kapitäne AB 1

AB 1

Segelschiffe
Das Wetter ist schön.
Der Wind bläst etwas.
Wir laufen ans Ufer.
Segelschiffe kreuzen am Wind.
Sie spielen mit den Wellen.
Ein Freizeitkapitän grüßt uns.
Wir winken zurück.
Ein anderer wirft den Anker.
Er rudert ans Ufer.
Wir kommen morgen wieder.

Vertauschte Matrosen AB 2

Dinkerwagen → Kinderwagen
Milonade
Miloketer
Feletonbücher
Megenrantel
Tachenreschner
Bibnenraum
Meptembersorgen
Herzenkalter
Lemensbittel
Wegenretter

AB 2

Kinderwagen, Limonade, Kilometer, Telefonbücher, Regenmantel, Taschenrechner, Birnenbaum, Septembermorgen, Kerzenhalter, Lebensmittel, Regenwetter

Falsche Mannschaft AB 3

Bergelstern → Bergelstern
Schweinebraten
Zwergamseln
Kellerassel
Autopreise
Granatapfel
Bilderalbum
Büroschreiber
Reisekleider
Brauseflasche
Fotokleber
Nilkrokodil

AB 3

Zwerg-amseln, Keller-assel, Auto-preise, Granat-apfel, Bilder-album, Büro-schreiber, Reise-kleider, Brause-flasche, Foto-kleber, Nil-krokodil

Vertauschte Silbenboote AB 4

Kulerteichen → Ku chen tel ler
Schwalternesben
Bilbumalder
Schlüsmeblusel
Rinternatgel
Blüchekelten
Pupserhäupen
Torzespitten
Maulefalse

AB 4

Schwalbennester, Bilderalbum, Schlüsselblume, Ringelnatter, Blütenkelche, Puppenhäuser, Tortenspitze, Mausefalle

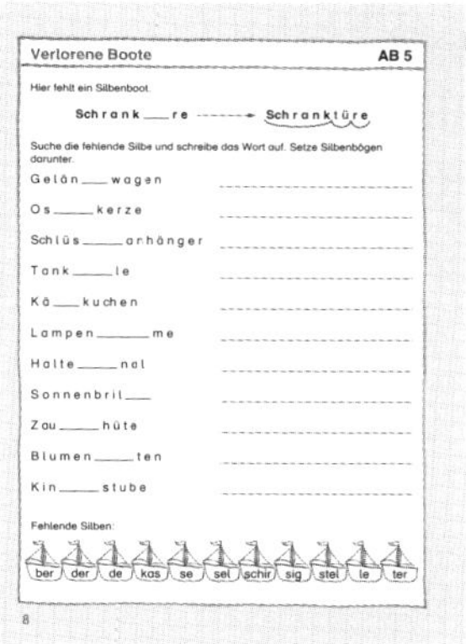
Verlorene Boote AB 5

AB 5

Geländewagen, Osterkerze, Schlüsselanhänger, Tankstelle, Käsekuchen, Lampenschirme, Haltesignal, Sonnenbrille, Zauberhüte, Blumenkasten, Kinderstube

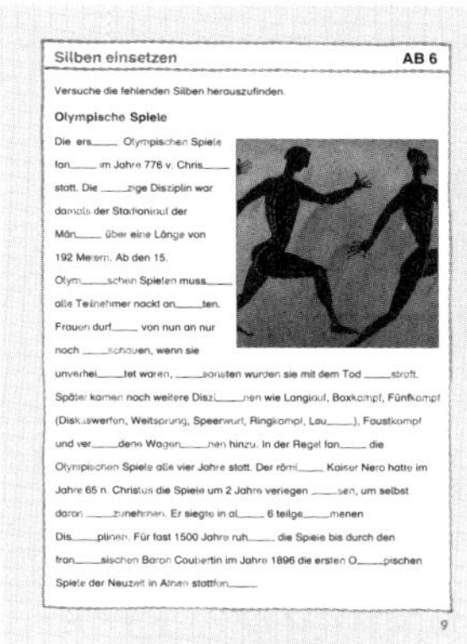
Silben einsetzen AB 6

AB 6

Olympische Spiele

Die ersten Olympischen Spiele fanden im Jahre 776 v. Christus statt. Die einzige Disziplin war damals der Stadionlauf der Männer über eine Länge von 192 Metern. Ab den 15. Olympischen Spielen mussten alle Teilnehmer nackt antreten.

Frauen durften von nun an nur noch zuschauen, wenn sie unverheiratet waren, ansonsten wurden sie mit dem Tod bestraft.

Später kamen noch weitere Disziplinen wie Langlauf, Boxkampf, Fünfkampf (Diskuswerfen, Weitsprung, Speerwurf, Ringkampf, Laufen), Faustkampf und verschiedene Wagenrennen hinzu. In der Regel fanden die Olympischen Spiele alle vier Jahre statt. Der römische Kaiser Nero hatte im Jahre 65 n. Christus die Spiele um 2 Jahre verlegen lassen, um selbst daran teilzunehmen. Er siegte in allen 6 teilgenommenen Disziplinen. Für fast 1500 Jahre ruhten die Spiele bis durch den französischen Baron Coubertin im Jahre 1896 die ersten Olympischen Spiele der Neuzeit in Athen stattfanden.

Vertauschte Wörter AB 7

AB 7

Obstkuchen-Brillenschlange, Holzfäller-Torwächter, Autoanlasser-Kleiderständer, Trinkgläser-Wintermantel, Eisennagel-Wasserrutsche, Klosterküche-Außenspiegel, Kammerjäger-Wassertropfen, Rosengarten-Papierdrachen

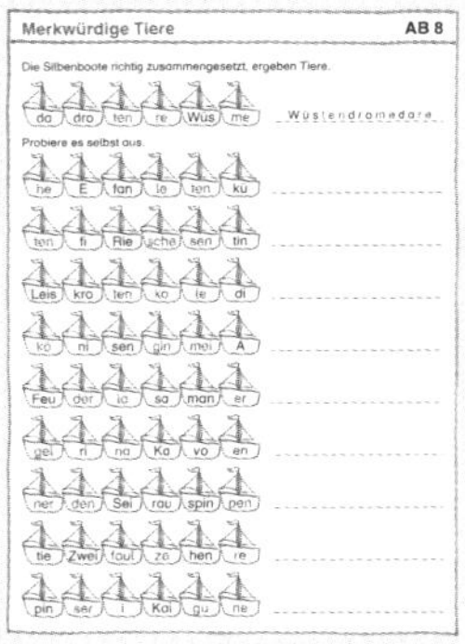
Merkwürdige Tiere AB 8

AB 8

Elefantenkühe, Riesentintenfische, Leistenkrokodile, Ameisenkönigin, Feuersalamander, Kanarienvogel, Seidenspinnerraupe, Zweizehenfaultiere, Kaiserpinguine

Silbenzählen AB 10

AB 10

4 Silben:

Klaviertasten, Eislaufbahnen, Konzertflügel, Winkelschleifer, Wagenheber, Stufenbarren, Felsenhöhle, Bleistiftspitzer, Regalbretter, Schreibtischlampe,

5 Silben:

Kartoffelkäfer, Kinobesucher, Fantasiereise, Alarmsirene, Motorradreifen, Nachrichtensprecher, Schneeverwehungen, Treppengeländer, Autoanlasser, Badeanzüge

6 Silben:

Radiosendemast, Körperbewegungen, Stereoanlage, Motorrasenmäher, Telefonansage, Computertastatur, Brauselimonade, Kaminofenfeuer, Tintenkillerdeckel, Reisetagebücher

Verkehrte Welt AB 11

AB 11

Die Geschichte des Fußballs

Eigentlich gilt England als Mutterland des Fußballs. Doch bereits vor fast 5000 Jahren hat es in China Spiele gegeben, bei denen die Soldaten des Kaisers einen Ball mit Füßen traten. Von den Regeln wissen wir jedoch nichts.

Einen ähnlichen Wettkampf gab es in Frankreich im Mittelalter. Bei diesem Ritterspiel musste ein mit Heu ausgestopfter Lederball durch ein Stadt- oder Burgtor getrieben werden. Da es keine Regeln gab, kam es zu schweren Verletzungen. Hundert Jahre später wurde dieses Spiel vom englischen König verboten.

In Italien wurden um 1530 Fußballspiele vor allem zur Karnevalszeit mit prachtvollen Spielkostümen ausgetragen. Hierbei ging es schon geregelter zu. Als Tore dienten Zelte, in welche man den Ball schießen oder boxen

AB 11 (Fortsetzung)
musste. Unser moderner Fußball entstand um das Jahr 1840 in Londoner Privatschulen. Die Schüler erkannten, dass ohne feste Regeln kein ordentliches Spiel möglich war. Dennoch dauerte es noch fast 30 Jahre bis es verboten wurde, den Ball mit der Hand zu tragen oder zu berühren.Das erste Länderspiel fand 1872 zwischen England und Schottland statt und endete torlos.

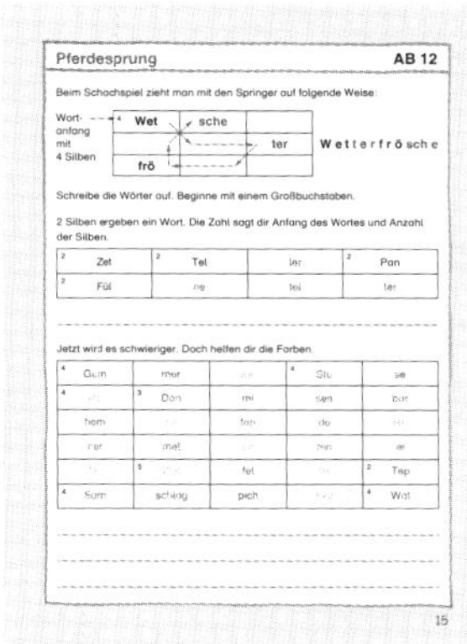
Pferdesprung AB 12

AB 12
Zettel, Teller, Panne, Füller
Gummihammer, Teppich, Stufenbarren, Donnerschlag, Zimmerantenne, Motorroller, Sammeldose, Waffeleisen

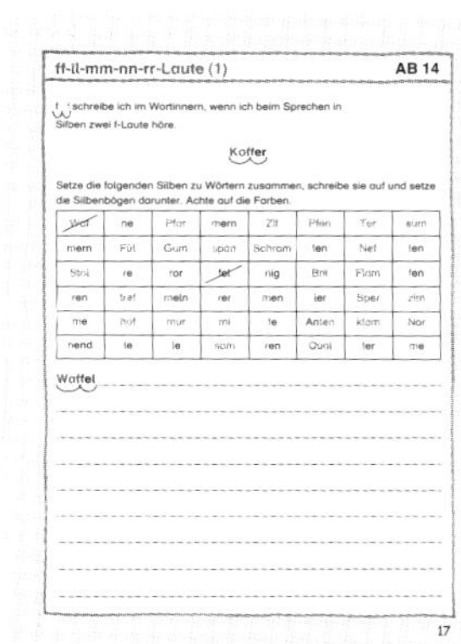
ff-ll-mm-nn-rr-Laute (1) AB 14

AB 14
Antenne, Brille, Flamme, Füller, Gummi, Narren, Neffe, Pfarrer, Pfennig, Qualle, Schramme, Sperre, Stollen, Terror, Waffel, Ziffer
hoffen, klammern, murren, sammeln, summen, treffen, zimmern
spannend

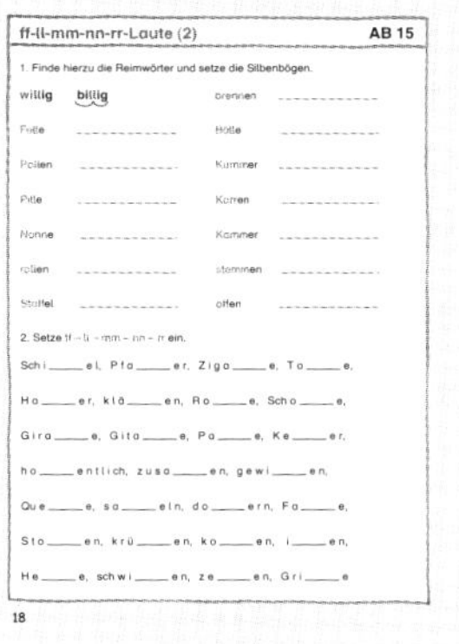
ff-ll-mm-nn-rr-Laute (2) AB 15

AB 15
Reimwörter: freie Auswahl

Schimmel, Pfarrer, Zigarre, Tonne, Hammer, kläffen, Rolle, Scholle, Giraffe, Gitarre, Panne, Keller/Kenner hoffentlich, zusammen, gewinnen, Quelle, sammeln, donnern, Falle, Stollen, krümmen, kommen, innen, Henne, schwimmen, zerren, Grille/Griffe

ff-ll-mm-nn-rr-Laute am Wortende (3) AB 16

AB 16

alle brummen, alle kennen, alle klemmen, alle füllen, alle kläffen, alle sperren, alle treffen, alle kommen, alle Ställe, alle Herren, alle Stämme, alle Zufälle

alle vollen Gläser, alle krummen *Beine*, alle schlimmen *Krankheiten*, alle stummen *Fische*, alle dürren *Äste*

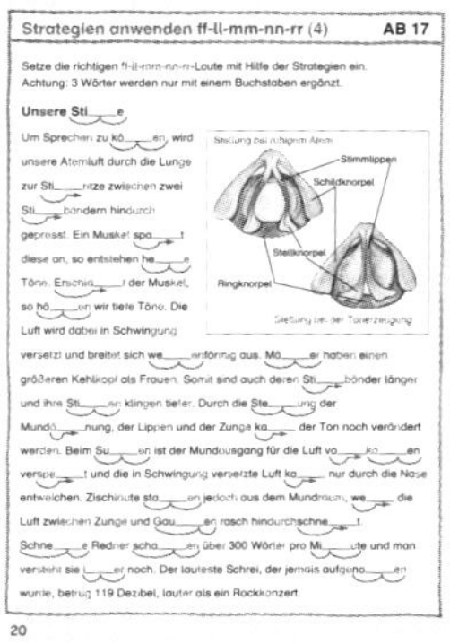
Strategien anwenden ff-ll-mm-nn-rr (4) AB 17

AB 17

Stimme, können, Stimmritze, Stimmbändern, spannt, helle, Erschlafft, hören, wellenförmig, Männer, Stimmbänder, Stimme Stellung Mundöffnung, kann, Summen, vollkommen, versperrt, kann, stammen, wenn, Gaumen, hindurchschnellt, Schnelle, schaffen, Minute, immer, aufgenommen

bb-pp-dd-tt-Laute (1) AB 18

AB 18

Wade – Watte, beten – Betten, Ratten – Raten, biete – bitten, Schaden – Schatten, Matte – Made, Laden – Latten Rabe – Rappe, sieben – Sippe, Gruppe – Grube, Kleber – Klepper, Lippen – lieben, Wappen – Waben

bb-pp-dd-tt-gg-Laute (2) AB 19

AB 19

Futterkrippe, Baggerschlepper, Ritterwappen, Rappenschlitten, Lippenmitte, Doggenhütte, Krabbensuppe, Widderschatten, Klapperkette, Grippewetter, Schmuggelkette, Doppelpaddel, Zappelteddy

Apparat, Butter, Flagge, Schrubber, Mittelpunkt, stoppen, Schmetterling, Teppich, Platte, kippen, Ebbe/Egge, Sippe, Sternschnuppe, Lebensmittel, kribbeln

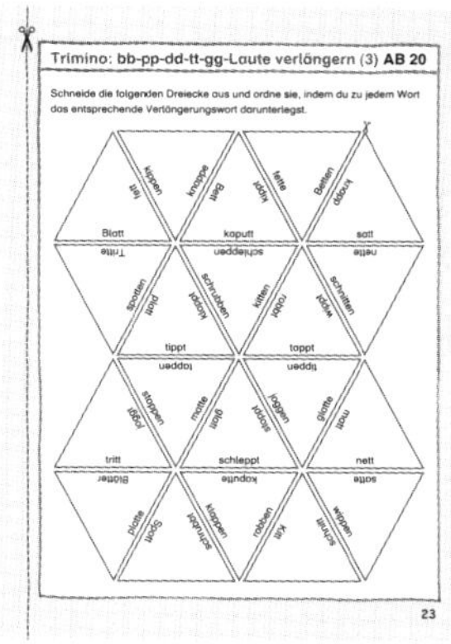

AB 20

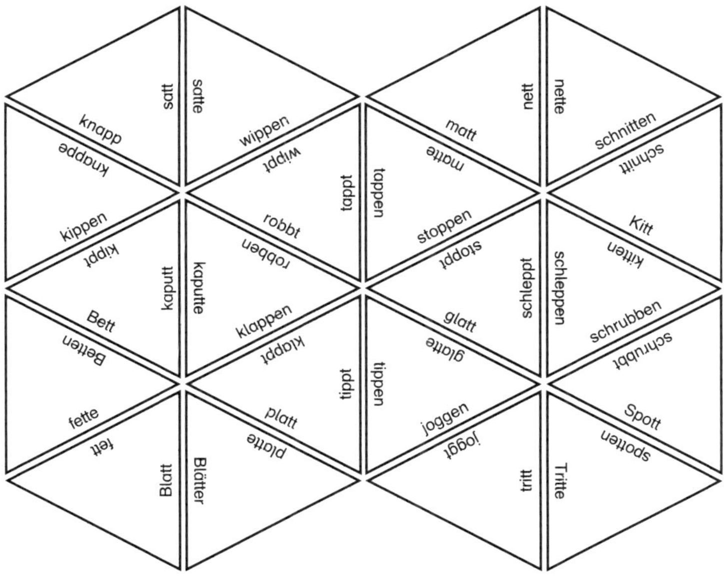

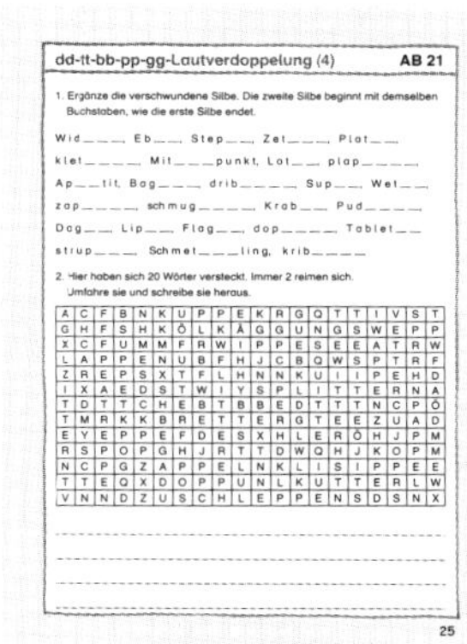

AB 21

Widder, Ebbe, Steppe, Zettel, Platte, klettern, Mittelpunkt, Lotto, plappern, Appetit, Bagger, dribbeln, Suppe, zappeln, schmuggeln, Krabbe, Pudding, Dogge, Lippe, Flagge, Wette, doppelt, struppig, Schmetterling, kribbeln, Tablette

A	C	F	B	N	**K**	**U**	**P**	**P**	**E**	K	R	G	Q	T	T	I	**V**	S	T
G	H	F	**S**	H	K	Ö	L	K	Ä	G	G	U	N	**G**	S	**W**	**E**	P	P
X	C	F	**U**	M	M	**F**	R	**W**	**I**	**P**	**P**	**E**	S	**E**	E	**A**	**T**	R	W
L	**A**	**P**	**P**	**E**	**N**	**U**	B	**F**	H	J	C	B	**Q**	**W**	**S**	**P**	**T**	R	F
Z	R	E	**P**	S	X	**T**	F	**L**	H	N	N	K	**U**	**I**	**I**	**P**	**E**	H	D
I	X	A	**E**	D	S	**T**	W	**I**	Y	**S**	**P**	**L**	**I**	**T**	**T**	**E**	**R**	N	A
T	D	**T**	T	C	H	**E**	B	**T**	B	B	E	D	**T**	**T**	**T**	**N**	C	**P**	Ö
T	M	**R**	K	K	**B**	**R**	**E**	**T**	**T**	**E**	**R**	G	**T**	**E**	**E**	Z	U	**A**	D
E	Y	**E**	P	P	E	F	D	**E**	S	X	H	L	**E**	**R**	Ö	H	J	**P**	M
R	S	**P**	O	P	G	H	J	**R**	T	T	D	W	Q	H	J	K	O	**P**	M
N	C	**P**	G	**Z**	**A**	**P**	**P**	**E**	**L**	**N**	K	L	I	**S**	**I**	**P**	**P**	**E**	E
T	T	**E**	Q	X	D	O	P	P	U	N	L	**K**	**U**	**T**	**T**	**E**	**R**	**L**	W
V	N	N	D	Z	U	**S**	**C**	**H**	**L**	**E**	**P**	**P**	**E**	**N**	S	D	S	**N**	X

Kutter-Futter, Flitter-Gewitter, Sitte-Quitte, Bretter-Vetter, Treppe-Schleppe (oder Treppen-schleppen), Lappen-Wappen, Sippe-Wippe, Kuppe-Suppe, zittern-splittern, Pappeln-zappeln

AB 22

Schmetterlinge, hatten, krabbelten, Schmetterlinge, Motten, doppelt, Kilometer, klebt, Blattes, Salatblatt, knabbert, verpuppt, Raupe, Schmetterling, zerknitterten, kaputt, Schuppen, Mitteleuropa, Holzschuppen, Pappeln, flattern, Etappen

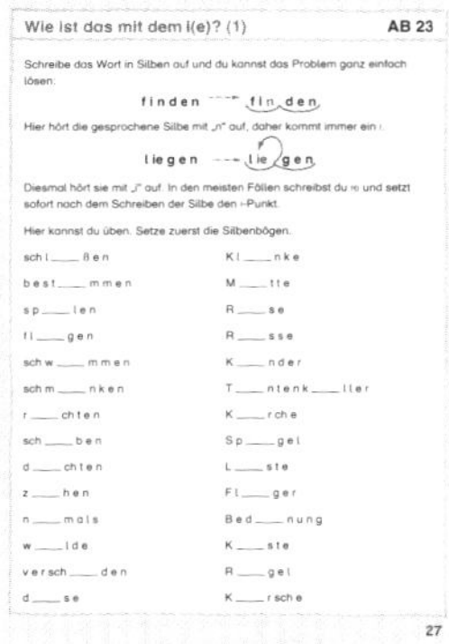

AB 23

schließen, Klinke, bestimmen, Mitte, spielen, Riese, fliegen, Risse, schwimmen, Kinder, schminken, Tintenkiller, richten, Kirche, schieben, Spiegel, dichten, Liste, ziehen, Flieger, niemals, Bedienung, wilde, Kiste, verschieden, Riegel, diese, Kirsche

AB 24

alle flie-gen, alle sin-ken, alle lie-ben Kinder, alle tie-fen Seen, alle flie-hen, alle ir-ren, alle quie-ken, alle frie-ren, alle verdie-nen, alle Blic-ke, alle Papie-re, alle Sie-be, alle Pil-ze, alle Unterschie-de, alle Brie-fe, alle Lie-der, alle Zie-le

AB 25

wider, wieder, Widder, Widerwillen, wieder, wiedergefunden, zuwider, widerfahren, wieder, Widder, widersprechen, Wiedergabe

Merkwörter i(e) (4) AB 26

AB 26

-ine: Sabine, Rosine, Lawine, Kusine, Mandarine, Apfelsine, Maschine, Kabine, Praline, Margarine
-ig (e): Könige, witzige, selige, winzige, lustig, rosig, kräftige
-lich (e): zärtliche, herzliche, herrliche, pünktliche, zierliche
andere: Pilot, kichern, Salami, Fische, Kino, lila, Piraten, Kilometer, Juli, Silo, Sirene

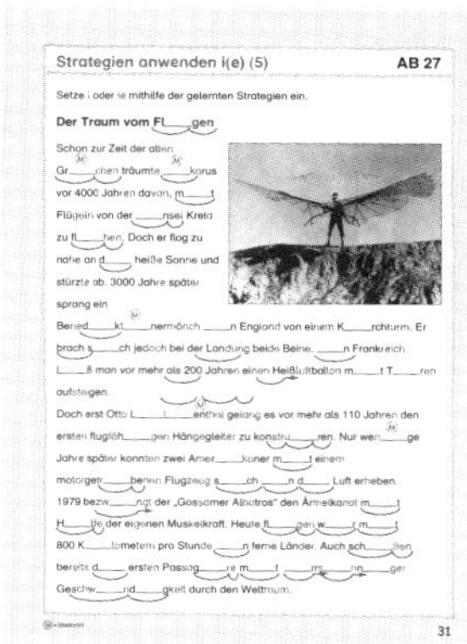
Strategien anwenden i(e) (5) AB 27

AB 27

Fliegen, Griechen, Ikarus, mit, Insel, fliehen, die, Benediktinermönch, in, Kirchturm, sich, In, ließ, mit Tieren, Lilienthal, flugfähigen, konstruieren, wenige, Amerikaner, mit motorgetriebenen, sich, in, die, bezwingt, mit, Hilfe, fliegen, wir, mit, Kilometern, in, schießen, die, Passagiere, mit, irrsinniger, Geschwindigkeit

s-Laute (1) AB 28

AB 28

laut – lei-se, fest – lo-se, winzig – rie-sig, anfahren – brem-sen

s-Laute (2) AB 29

AB 29

Mas-se – Klas-se, Kes-sel – Fes-sel, Nüs-se – Schüs-se, ver-ges-sen – mes-sen, Schüs-sel – Rüs-sel, Flos-sen – Spros-sen, Wis-sen – Kis-sen, Mes-ser – bes-ser, has-sen – fas-sen, küs-sen – müs-sen, pas-sen – las-sen, Rus-se – Bus-se, pres-sen – fres-sen, Bis-sen – mis-sen,
das Ross – alle Rös-ser, er muss – alle müs-sen,
er hasst – alle has-sen, das Schloss – alle Schlös-ser,
der Fluss – alle Flüs-se, das Fass – alle Fäs-ser,
der Biss – alle Bis-se, er frisst – alle fres-sen

s-Laute (3) AB 30

AB 30

reißen – er reißt – er riss – der Riss
gießen – er gießt – er goss – der Guss
fließen – er fließt – der floss – der Fluss
schießen – er schießt – er schoss – der Schuss
beißen – er beißt – er biss – der Biss
schließen – er schließt – er schloss – das Schloss
sprießen – er sprießt – er spross – der Spross

Ein Wort – drei Schreibweisen! s-Laute (4) AB 31

AB 31

lasen – lassen, Rasen – Rassen, Risse – Riese,
Hase – hassen, Rose – Rosse, Nase – nasse,
Wiesen – Wissen, Maße – Masse, Gasse – Gase,
weiße – weise, Wesen – Wessen, Blase – blasse,
reisen – reißen

Strategien anwenden s-Laute (5) AB 32

AB 32

gewusst, größte, Österreich, Süßwasserspeicher, fließt,
wächst, fleißigen, Pause, essen, Straßenrand, Speisen,
stoßen, gepresstem, Gefäßen, Presse, schießt,
anschließend, Fässern, Köstlichkeit, Genießer, Spaß

Durchblick beim (c)k (1) AB 33

AB 33

Dackel, Flecken, Jacke, Laken, Röcke, Socken,
Zuckerdanken, häkeln, schaukeln, wackeln, winken
spicken, Flocken, piken/picken, sinken, Glocke,
Klinke, ruckeln, Schnake

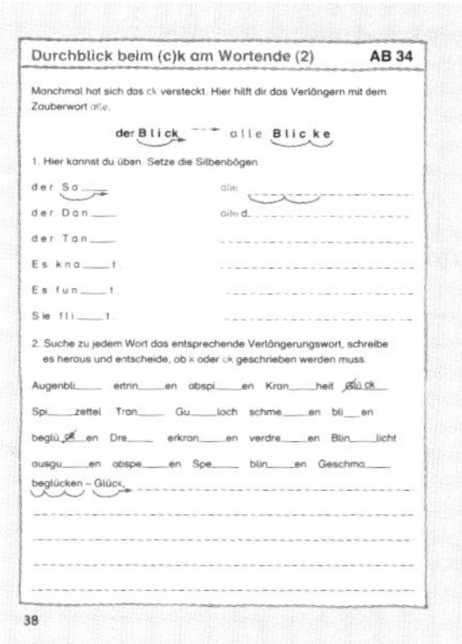
Durchblick beim (c)k am Wortende (2) AB 34

AB 34

der Sack – alle Säc-ke, der Dank – alle dan-ken, der Tank – alle tan-ken, es knackt – alle knac-ken, es funkt – alle fun-ken, sie flickt – alle flic-ken beglüc-ken – Glück, blic-ken – Augenblick, abspic-ken – Spickzettel, erkran-ken – Krankheit, ertrin-ken – Trank, ausguc-ken – Guckloch, schmec-ken – Geschmack, verdrec-ken – Dreck, blin-ken – Blinklicht, abspec-ken – Speck

Merkwörter beim (c)k (3) AB 35

AB 35

Politiker, Direktor, zurück, Elektrizität, Musik, Mathematik, aktiv, Lokomotive, Doktor, Technik, Diktat, Sekretärin

Produkt, Akten, Elektrizität, Lokomotive, Sekretärin, Doktor, Diktat, Architektur

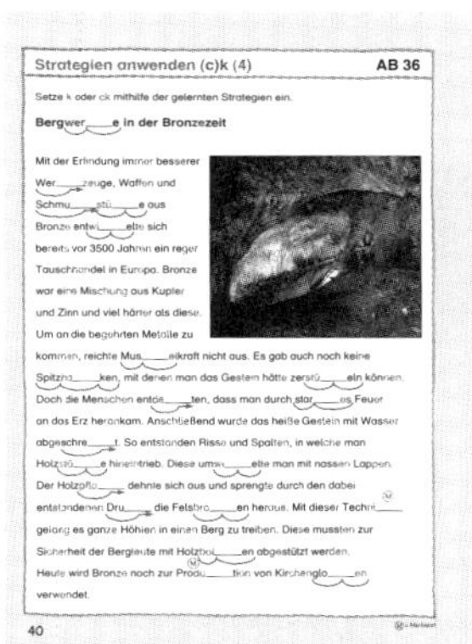
Strategien anwenden (c)k (4) AB 36

AB 36

Bergwerke, Werkzeuge, Schmuckstücke, entwickelte, Muskelkraft, Spitzhacke, zerstückeln, entdeckten, starkes, abgeschreckt, Holzstöcke, umwickelte, Holzpflock, Druck, Felsbrocken, Technik, Holzbalken, Produktion, Kirchenglocken

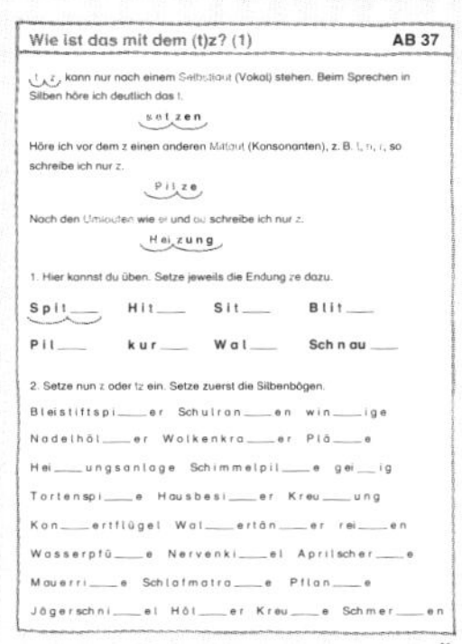
Wie ist das mit dem (t)z? (1) AB 37

AB 37

Spit-ze, Hit-ze, Sit-ze, Blit-ze, Pil-ze, kur-ze, Wal-ze, Schnau-ze

Bleistiftspit-zer, Schulran-zen, win-zige, Nadelhöl-zer, Wolkenkrat-zer, Plät-ze, Hei-zungsanlage, Schimmel-pil-ze, gei-zig, Tortenspit-ze, Hausbesit-zer, Kreu-zung, Kon-zertflügel, Wal-zertän-zer, rei-zen, Wasserpfüt-ze, Nervenkit-zel, Aprilscher-ze, Mauerrit-ze, Schlafmatrat-ze, Pflan-ze, Jägerschit-zel, Höl-zer, Kreu-ze, Schmer-zen

Wie ist das mit dem (t)z am Wortende? (2) AB 38

AB 38

flitzt – alle flit-zen, trotzt – alle trot-zen,
glänzt – alle glän-zen, schützt – alle schüt-zen,
tanzt – alle tan-zen, schwitzt – alle schwit-zen
kurz – alle kurzen *Röcke*,
schwarz – alle schwar-zen *Katzen*,
spitz – alle spit-zen *Steine*
Schatz – alle Schät-ze, Sturz – alle Stür-ze,
Scherz – alle Scher-ze, Blitz – alle Blit-ze,
Holz – alle Höl-zer, Schmerz – alle Schmer-zen,
Netz – alle Net-ze, Klotz – alle Klöt-ze

Wie ist das mit dem (t)z am Wortende? (3) AB 39

AB 39

plat-zen, sie platzt, der Platz
sit-zen, sie sitzt, der Sitz
blit-zen, sie blitzt, der Blitz
rit-zen, sie ritzt, der Ritz
trot-zen, sie trotzt, der Trotz
klot-zen, sie klotzt, der Klotz
schüt-zen, sie schützt, der Schutz

jetzt – hetzt/setzt, der Trotz – der Klotz, kurz – der Sturz,
spitz – der Blitz/der Witz, der Spatz – der Schatz,
der Scherz – der Schmerz, der Pilz – der Filz ,
Franz – ganz, der Schutz – der Schmutz

Strategien anwenden (t)z (4) AB 40

AB 40

schwit-ze, schmut-zigen, Sitzbank *(sit-zen)*, tanzt *(tan-zen)*, klit-zekleiner, stol-zer, Mittagshit-ze, setzt *(set-zen)*, schwar-ze, Müt-ze, platzt *(plat-zen)*, Kat-ze, Tat-ze, put-zigen, Schützling *(schüt-zen)*, beherzt *(her-zig)*, spreizt *(sprei-zen)*, Wasserpfüt-ze

AB 41

Bank – alle Bänke, Schrank – alle Schränke,
Wand – alle Wände, Band – alle Bänder,
Kalb – alle Kälber, Rand – alle Ränder,
Land – alle Länder, Draht – alle Drähte, Naht – alle Nähte,
Bart – alle Bärte, Hahn – alle Hähne, Klang – alle Klänge

AB 41 (Fortsetzung)

Zahn – alle Zähne, Stand – alle Stände, Hand – alle Hände, Nagel – alle Nägel, Gans – alle Gänse, Blatt – alle Blätter, Wald – alle Wälder, Bad – alle Bäder, Rad – alle Räder, Gang – alle Gänge, Ast – alle Äste, Mann – alle Männer, Stadt – alle Städte, Grab – alle Gräber, Strand – alle Strände, Gast – alle Gäste, Stab – alle Stäbe, Kran – alle Kräne, Gesang – alle Gesänge, Schlag – alle Schläge, Palast – alles Paläste, Kamm – alle Kämme, Fass – alle Fässer, Garten – alle Gärten, Schwan – alle Schwäne

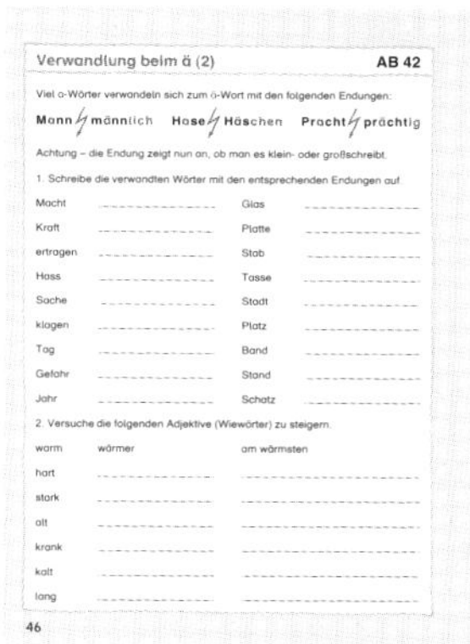

AB 42

Macht – mächtig, Glas – Gläschen, Kraft – kräftig, Platte – Plättchen, ertragen – erträglich, Stab – Stäbchen, Hass – hässlich, Tasse – Tässchen, Sache – sächlich, Stadt – Städtchen, klagen – kläglich, Platz – Plätzchen, Tag – täglich, Band – Bändchen, Gefahr – gefährlich, Stand – ständig, Jahr – jährlich, Schatz – Schätzchen

warm – wärmer – am wärmsten
hart – härter – am härtesten
stark – stärker – am stärksten
alt – älter – am ältesten
krank – kränker – am kränksten
kalt – kälter – am kältesten
lang – länger – am längsten

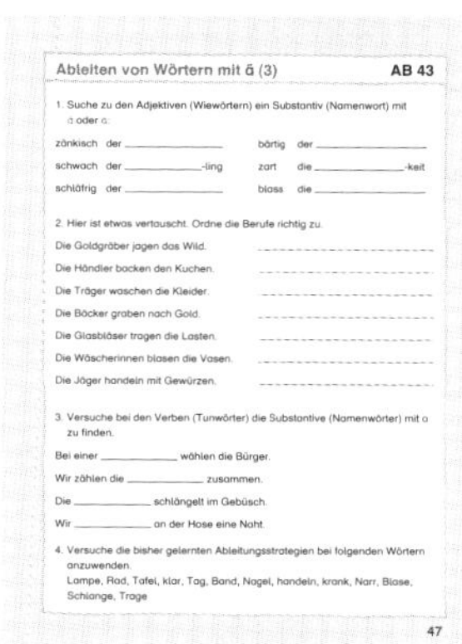

AB 43

zänkisch – der Zank, bärtig – der Bart, schwach – der Schwächling, zart – die Zärtlichkeit, schläfrig – der Schlaf, blass – die Blässe

Jäger, Bäcker, Wäscherinnen, Goldgräber, Träger, Glasbläser, Händler

Wahl, Zahlen, Schlange, nähen

Lampe – Lämpchen, Rad – Rädchen, Tafel – Täfelchen, klar – klären, Tag – täglich, Band – Bändchen, Nagel – Nägel, handeln – Händler, krank – kränklich, Narr – närrisch, Blase – Bläschen, Schlange – schlängeln, Trage – Träger

AB 44

Sträuße – Strauß, Läuse – Laus, Bräute – Braut, Mäuse – Maus, Sträucher – Strauch, Häute – Haut, Säue – Sau, Mäuler – Maul

Häuschen – Haus, käuflich – Kauf/kaufen, bäuerlich – Bauer, gräulich – grau, säuerlich – sauer, häufig – Haufen

Gemäuer – Mauer/mauern, Käufer – Kauf/kaufen,
zerstäuben – Staub, stauben, Säufer – saufen,
träumen – Traum, Läufer – Lauf/laufen,
räuchern – Rauch/rauchen, Fäule – faulen/faul,
Gebäude – Bau/bauen,
läuten – Lautstärke/laut

schäumen (z. B. Schaum), Beule, säumen (z. B. Saum), Scheune, treu, streuen, Kräuter (z. B. Kraut), Steuer, Bäume (z. B. Baum), Zäune (z. B. Zaun), räumen (z. B. Raum), Fäuste (z. B. Faust), teuer, Freunde

AB 45

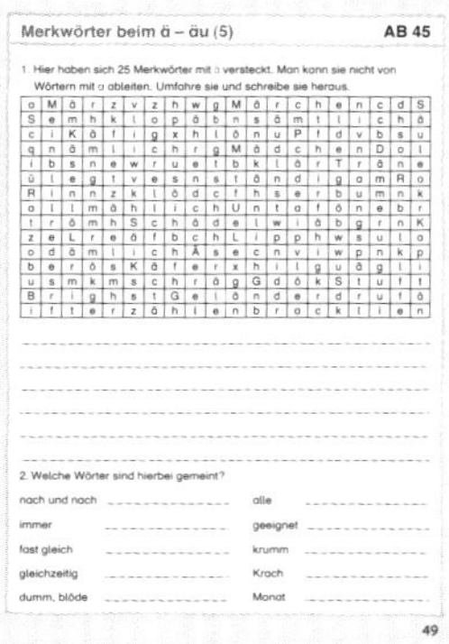

a	**M**	**ä**	**r**	**z**	v	z	h	**w**	g	**M**	**ä**	**r**	**c**	**h**	**e**	**n**	c	d	**S**
S	e	m	h	k	l	o	p	**ä**	b	n	**s**	**ä**	**m**	**t**	**l**	**i**	**c**	**h**	**ä**
c	i	**K**	**ä**	**f**	**i**	**g**	x	**h**	l	ö	n	u	P	f	d	v	b	s	**u**
q	**n**	**ä**	**m**	**l**	**i**	**c**	**h**	**r**	g	**M**	**ä**	**d**	**c**	**h**	**e**	**n**	**D**	o	**l**
i	b	**s**	n	e	w	r	u	**e**	t	b	k	l	ä	r	**T**	**r**	**ä**	**n**	**e**
ü	l	**e**	g	t	v	e	s	**n**	s	t	**ä**	n	d	i	g	a	**m**	R	o
R	i	n	n	**z**	k	l	ö	**d**	c	f	**h**	s	e	r	b	u	**m**	n	k
a	**l**	**l**	**m**	**ä**	**h**	**l**	**i**	**c**	**h**	U	**n**	t	a	**f**	ö	n	**e**	b	r
t	r	ö	m	**h**	**S**	**c**	**h**	**ä**	**d**	**e**	**l**	w	i	**ä**	b	g	**r**	n	**K**
z	e	**L**	r	e	ä	f	b	c	h	L	**i**	p	p	**h**	w	**s**	**u**	l	**a**
o	**d**	**ä**	**m**	**l**	**i**	**c**	**h**	Ä	s	e	**c**	n	v	**i**	w	**p**	**n**	k	**p**
b	e	**r**	ö	s	**K**	**ä**	**f**	**e**	**r**	x	**h**	i	l	**g**	u	**ä**	**g**	l	**i**
u	s	**m**	k	m	**s**	**c**	**h**	**r**	**ä**	**g**	G	d	ö	k	S	**t**	u	f	**t**
B	r	i	g	h	s	t	**G**	**e**	**l**	**ä**	**n**	**d**	**e**	**r**	d	r	u	f	**ä**
i	f	t	**e**	**r**	**z**	**ä**	**h**	**l**	**e**	**n**	b	r	a	c	k	l	i	e	**n**

waagrecht:
März, Märchen, sämtlich, Käfig, nämlich, Mädchen, Träne, ständig, allmählich, Schädel, dämlich, Käfer, schräg, Geländer, erzählen

AB 45 (Fortsetzung)
senkrecht:
Käse, Lärm, zäh, während, ähnlich, fähig, spät, Dämmerung, Säule, Kapitän

nach und nach – allmählich, alle – sämtliche, immer – ständig, dumm – unfähig, fast gleich – ähnlich, krumm – schräg, gleichzeitig – während, Krach – Lärm, dumm, blöde – dämlich, Monat – März, geeignet – fähig

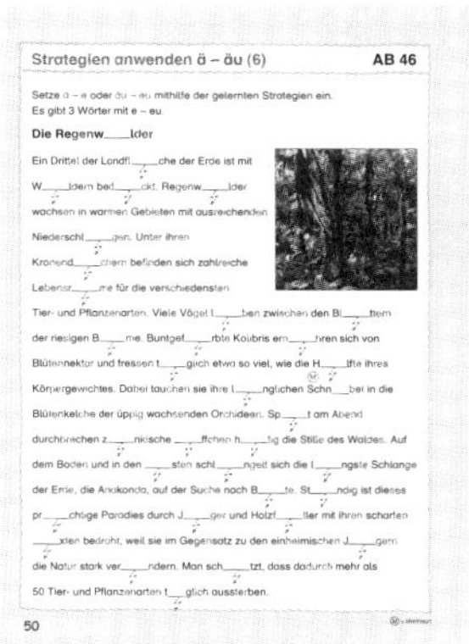
Strategien anwenden ä – äu (6) AB 46

AB 46
Regenwälder, Landfläche, Wäldern, bedeckt, Regenwälder, Niederschlägen, Kronendächern, Lebensräume, leben, Blättern, Bäume, Buntgefärbte, ernähren, täglich, Hälfte, länglichen, Schnäbel, Spät, zänkische, Äffchen, häufig, Ästen, schlängelt, längste, Beute, Ständig, prächtige, Jäger, Holzfäller, Äxten, Jägern, verändern, schätzt, täglich

Schwierige Anlaute sp – st (1) AB 47

AB 47
Spiel, Stunde, Sprecher, Spieler, Spatzen, Stamm, Sprudel/Strudel, Spitze, Stempel, Streit, Spirale, Staude, Streber, Spruch, Sporen, Spritze, Sprichwort, Strom, Spaziergang, Strapaze, Sprengung, Streifen, Strolch, Sprunggrube, Sprechfunk

Beispiele:
Spiel – spielen, Sprecher – sprechen, Spieler – spielen, Spitze – spitzen, Stempel – stempeln, Streit – streiten, Streber – streben, Spruch – sprechen, Spritze – spritzen, Sprichwort – sprechen, Strapaze – strapazieren, Sprengung – sprengen, Streifen – streifen, Sprudel – sprudeln, Strolch – strolchen, Sprunggrube – springen, Sprechfunk – sprechen Spaziergang – spazieren

Spielstraße, Sprungschanze, Spatenstich, Sprechstunde, Spargelstange

Schwierige Anlaute bl – pl br – pr (2) AB 48

52

AB 48

Wörter mit „bl“:
blitzen, blau, Bluse, blass, Blumen, blond, blasen, blinken
Wörter mit „pl“:
platzen, plumpsen, platschen, Platte, plötzlich, planen, Planet, Plastik

Braten (braten), Presse, brauchen, Brille, probieren, Preis, bringen, Brust, Brief, prüfen, prima, brechen, Praline, Pranke, Problem, breit, Brause, Profi, bravo, Bremse, Brett, Brauch, prügeln, protzen, Bruder

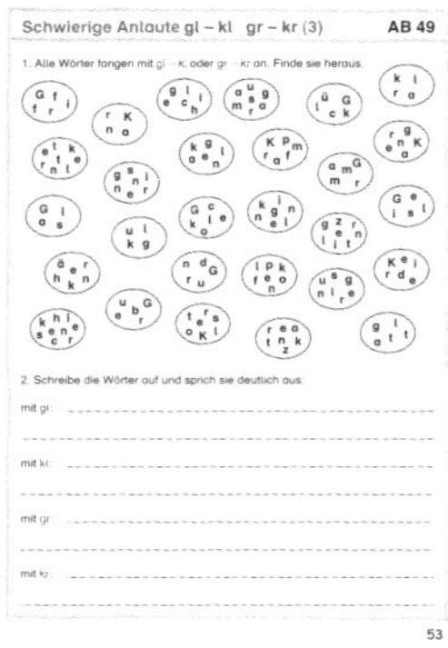
Schwierige Anlaute gl – kl gr – kr (3) AB 49

53

AB 49

Wörter mit „gl“:
gleich, Glück, Glas, Glocke, glitzern, Gleis, glatt
Wörter mit „kl“:
klar, klettern, klagen, klug, klingen, klopfen, Kloster
Wörter mit „gr“:
Griff, grausam, grinsen, Gramm, Grube, Grund, gruseln
Wörter mit „kr“:
Kran, Krampf, Kragen, krähen, Kreide, kreischen, kratzen

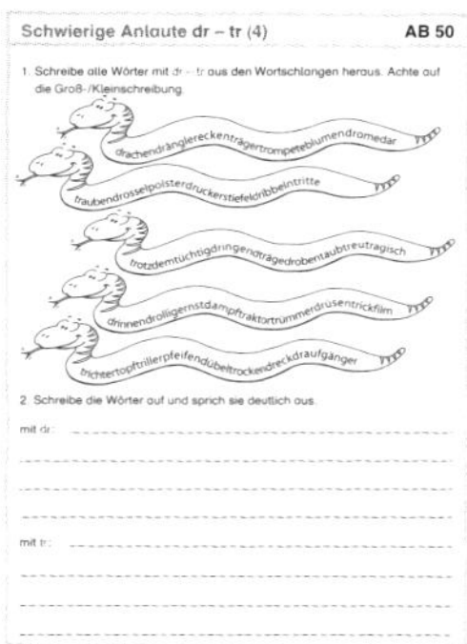
Schwierige Anlaute dr – tr (4) AB 50

54

AB 50

Wörter mit „dr“:
Drachen, Drängler, Dromedar, Drossel, Drucker, dribbeln, dringend, droben, drinnen, drollig, Drüsen, Dreck, Draufgänger

Wörter mit „tr“:
Träger, Trompete, Trauben, Tritte, trotzdem, träge, treu, tragisch, Traktor, Trümmer, Trickfilm, Trichter, Trillerpfeifen, trocken

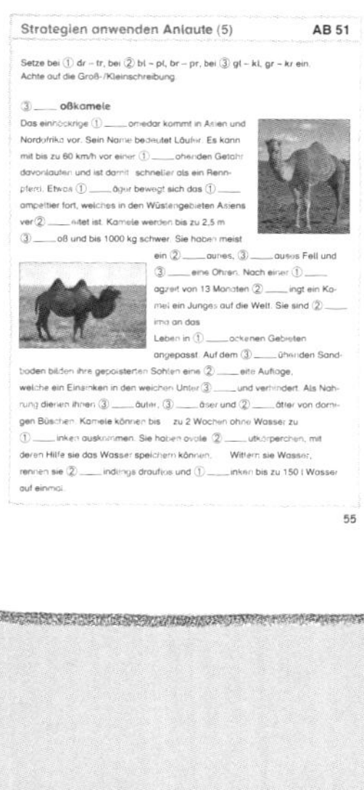
Strategien anwenden Anlaute (5) AB 51

55

AB 51

Großkamele, Dromedar, drohenden, träger, Trampeltier, verbreitet, groß, braunes, krauses, kleine, Tragzeit, bringt, prima, trockenen, glühenden, breite, Untergrund, Kräuter, Gräser, Blätter, trinken, Blutkörperchen, blindlings, trinken

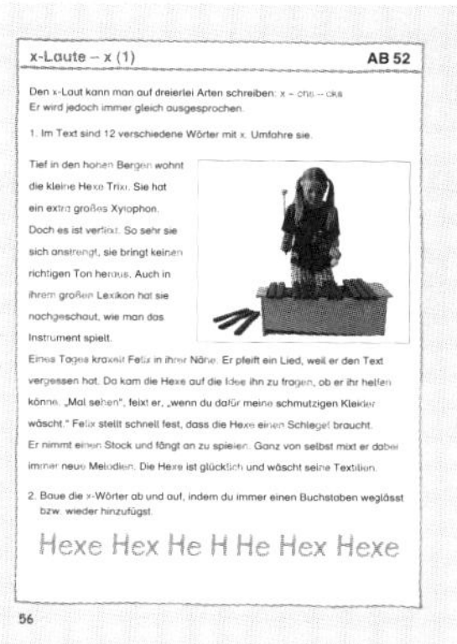
x-Laute – x (1) **AB 52**

Den x-Laut kann man auf dreierlei Arten schreiben: x – chs – cks
Er wird jedoch immer gleich ausgesprochen.

1. Im Text sind 12 verschiedene Wörter mit x. Umfahre sie.

Tief in den hohen Bergen wohnt die kleine Hexe Trixi. Sie hat ein extra großes Xylophon. Doch es ist verflixt. So sehr sie sich anstrengt, sie bringt keinen richtigen Ton heraus. Auch in ihrem großen Lexikon hat sie nachgeschaut, wie man das Instrument spielt.
Eines Tages kraxelt Felix in ihrer Nähe. Er pfeift ein Lied, weil er den Text vergessen hat. Da kam die Hexe auf die Idee ihn zu fragen, ob er ihr helfen könne. „Mal sehen", feixt er, „wenn du dafür meine schmutzigen Kleider wäscht." Felix stellt schnell fest, dass die Hexe einen Schlegel braucht. Er nimmt einen Stock und fängt an zu spielen. Ganz von selbst mixt er dabei immer neue Melodien. Die Hexe ist glücklich und wäscht seine Textilien.

2. Baue die x-Wörter ab und auf, indem du immer einen Buchstaben weglässt bzw. wieder hinzufügst.

Hexe Hex He H He Hex Hexe

56

AB 52

Hexe, Trixi, extra, Xylophon, verflixt, Lexikon, kraxelt, Felix, Text, Hexe, feixt, Felix, Hexe, mixt, Hexe, Textilien

x-Laute – chs (2) **AB 53**

Unsinngedicht

Einst besuchte den schlauen ________
sein kleiner Kletter-Vetter ________
Da gab es bei den ________
wohlschmeckendes Fleisch von ________
aus ________.
Da schrie der kleine ________:
„Ich hätte lieber ________!
Damit werde ich ________,
bis ich groß bin und ________."
Die ________ lachte unter der ________:
„Ich komme von der ________.
Da gibt's den besten ________
und der ist nicht aus ________."

1. Setze die folgenden Wörter im Gedicht ein:
Büchsen Dachs Deichsel Eidechse erwachsen Fuchs Füchsen Lachs Lachs Luchs Ochsen wachsen Wachs Weichsel

2. Schreibe eine Geschichte mit diesen Wörtern.

57

AB 53

Unsinngedicht
Einst besuchte den schlauen Fuchs
sein kleiner Kletter-Vetter Luchs.
Da gab es bei den Füchsen
wohlschmeckendes Fleisch von Ochsen aus Büchsen.
Da schrie der kleine Dachs:
„Ich hätte lieber Lachs!
Damit werde ich wachsen,
bis ich groß bin und erwachsen."
Die Eidechse lachte unter der Deichsel:
„Ich komme von der Weichsel.
Da gibt's den besten Lachs
und der ist nicht aus Wachs."

x-Laute – cks, gs (3) **AB 54**

In manchen Verben (Tunwörter) hört man ein x. Ihre Schreibweise kann man durch Verlängern erkennen.

du trinkst – alle trinken

Verlängere die folgenden Wörter und setze die Silbenbögen:

du zwingst ____________
du winkst ____________
du hinkst ____________
du bringst ____________
du zankst ____________

Diese Wörter musst du dir besonders merken.
links tricksen Volkswagen Knacks halbwegs allerdings anfangs

Spiel „Wörter versenken": Setze dazu 10 Wörter von oben in dein Spielfeld ein und spiele es mit einem Partner wie „Schiffe versenken".

Spieler A

	1	2	3	4	5	6	7	8	9	10
A										
B										
C										
D										
E										
F										
G										
H										
I										
J										

Spieler B

	1	2	3	4	5	6	7	8	9	10
A										
B										
C										
D										
E										
F										
G										
H										
I										
J										

58

AB 54

alle zwin-gen, alle win-ken, alle hin-ken, alle brin-gen, alle zan-ken

Strategien anwenden x-Laute (4) AB 55

AB 55

Hexe, Trixi, erwachsen, Knacks, verhexen, anfangs, Text, halbwegs, Dachs, Fuchs, Lachses, Eidechse, Ochse, Luchses, verflixt, gemixt, allerdings, Hexenpapa, extra, Zauberlexikon, Tricks

qu-Laute (1) AB 56

AB 56

Qualm, Quadrat, Quark, Qual, Quittung, Quelle, Quiz, Quecksilber, Quatsch, Quader, Qualität, Quirl, Quartett, Quitte, Querflöte, Qualm, Quotient, Quetschung, Qualle

quasseln – er quasselt – er quasselte – er hat gequasselt
quaken – er quakt – er quakte – er hat gequakt
quatschen – er quatscht – er quatschte – er hat gequatscht
quieken – er quiekt – er quiekte – er hat gequiekt
quellen – er quellt – er quoll – er ist gequollen
quietschen – er quietscht – er quietschte – er hat gequietscht
quittieren – er quittiert – er quittierte – er hat quittiert
quirlen – er quirlt – er quirlte – er hat gequirlt
quengeln – er quengelt – er quengelte – er hat gequengelt
qualmen – er qualmt – er qualmte – er hat gequalmt

quadratisch, quirlig, quengelig, quietschig, quer

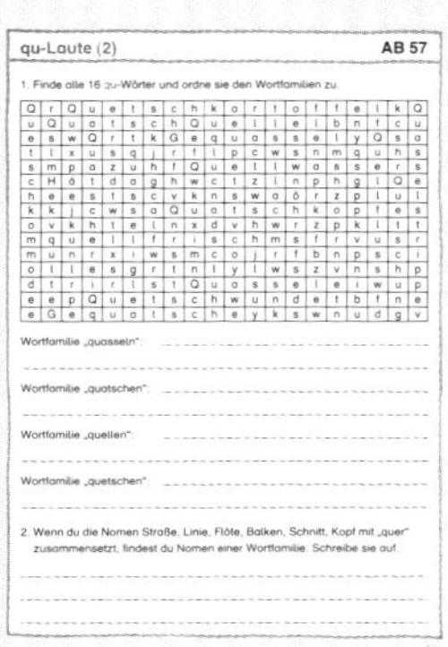
qu-Laute (2) AB 57

AB 57

„quasseln“: Quasselstrippe, Gequassel, Quasselei, quasselig
„quatschen“: Quatschkopf, Gequatsche, Quatscherei, Quatsch
„quellen“: Quelle, Quellwasser, quellfrisch, Quellfluss
„quetschen“: Quetschkommode, Quetschkartoffel, Quetschwunde, Quetschung

„quer“: Querstraße, Querlinie, Querflöte, Querbalken, Querschnitt, querköpfig

AB 57 (Fortsetzung)

Q	r	Q	u	e	t	s	c	h	k	a	r	t	o	f	f	e	l	k	Q
u	Q	u	a	t	s	c	h	Q	u	e	l	l	e	l	b	n	f	c	u
e	s	w	Q	r	t	k	G	e	q	u	a	s	s	e	l	y	Q	s	a
t	l	x	u	s	q	j	r	f	l	p	c	w	s	n	m	q	u	h	s
s	m	p	a	z	u	h	f	Q	u	e	l	l	w	a	s	s	e	r	s
c	H	ä	t	d	a	g	h	w	c	t	z	l	n	p	h	g	l	Q	e
h	e	e	s	t	s	c	v	k	n	s	w	a	ö	r	z	p	l	u	l
k	k	j	c	w	s	a	Q	u	a	t	s	c	h	k	o	p	f	e	s
o	v	k	h	t	e	l	n	x	d	v	h	w	r	z	p	k	l	t	t
m	q	u	e	l	l	f	r	i	s	c	h	m	s	f	r	v	u	s	r
m	u	n	r	x	i	w	s	m	c	o	j	r	f	b	n	p	s	c	i
o	l	l	e	s	g	r	t	n	l	y	l	w	s	z	v	n	s	h	p
d	t	r	i	r	l	s	t	Q	u	a	s	s	e	l	e	i	w	u	p
e	e	p	Q	u	e	t	s	c	h	w	u	n	d	e	t	b	f	n	e
e	G	e	q	u	a	t	s	c	h	e	y	k	s	w	n	u	d	g	v

Schwierige Anlaute ver- (1) AB 58
Die folgenden Wörter bekommen mit der Vorsilbe ver- eine neue Bedeutung:
alt – veralten
bergen, bieten, binden, bleiben, breit, decken, drängen, drücken, erben, fahren, fluchen, folgen, gleichen, greifen, handeln, hungern, lassen, legen, machen, mieten, nehmen, packen, passen, reisen, schätzen, schließen, sinken, spät, sprechen, suchen, treiben, urteilen, wenden, wüst
1. Schreibe die Wörter mit Vorsilbe auf.
verbergen
2. Viele dieser Wörter werden mit der Endung -ung zu Nomen. Finde sie.
62

AB 58

verbergen, verbieten, verbinden, verbleiben, verbreiten, verdecken, verdrängen, verdrücken, vererben, verfahren, verfluchen, verfolgen, vergleichen, vergreifen, verhandeln, verhungern, verkleinern, verlassen, verlegen, vermachen, vermieten, vernehmen, verpacken, verpassen, verreisen, verschätzen, verschließen, versinken, verspäten, versprechen, versuchen, vertreiben, verurteilen, verwenden, verwüsten

Verbindung, Verbreitung, Verdrängung, Vererbung, Verfluchung, Verfolgung, Vergrößerung, Verhandlung, Verlegung, Vermietung, Vernehmung, Verpackung, Verspätung, Versuchung, Vertreibung, Verurteilung, Verwendung, Verwüstung

Schwierige Anlaute vor- (2) AB 59
1. Streiche in jeder Zeile das Wort, das man nicht mit der Vorsilbe Vor-/vor verbinden kann.
Arbeiter, Bild, Gang, Fall, Hand, Hang, Name, Neid, Lage,
Herrschaft, Kampf, Kissen, Ladung, Mittag, Satz, Sicht,
beugen, brauchen, bringen, fahren, gehen, laden, legen, lesen,
nehmen, sagen, spaßen, stellen, werfen, zeigen,
aus, eilig, gestern, her, langsam, lieb, schnell, über, weg
2. Schreibe die entsprechenden Wörter mit Vor-/vor auf.
Vorarbeiter
Rätsel: Wie lauten die Wörter mit Vor?
Gegenteil von Nachteil –
Speisekammer –
Anderes Wort für Rede –
Einleitung in einem Buch –
63

AB 59

Durchzustreichen sind:
Neid, Kissen, brauchen, spaßen, langsam
Wörter mit Vorsilbe „Vor/vor“: Vorarbeiter, Vorbild, Vorgang, Vorfall, Vorhang, Vorname, Vorlage, Vorherrschaft, Vorkampf, Vorladung, Vormittag, Vorsatz, Vorsicht, vorbeugen, vorbringen, vorfahren, vorgehen, vorladen, vorlegen, vorlesen, vornehmen, vorsagen, vorstellen, vorwerfen, vorzeigen, voraus, voreilig, vorgestern, vorher, vorlieb, vorschnell, vorüber, vorweg
Rätsel:
Vorteil, Vorratskammer, Vortrag, Vorwort

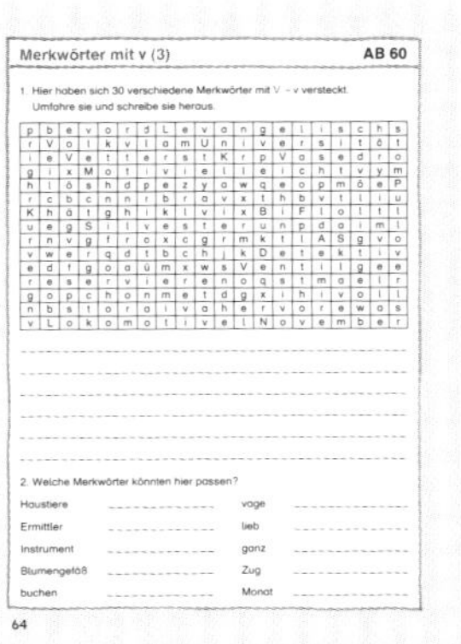

AB 60

p	b	e	**v**	**o**	**r**	d	**L**	**e**	**v**	**a**	**n**	**g**	**e**	**l**	**i**	**s**	**c**	**h**	s
r	**V**	**o**	**l**	**k**	v	l	**a**	m	**U**	**n**	**i**	**v**	**e**	**r**	**s**	**i**	**t**	**ä**	**t**
i	**e**	**V**	**e**	**t**	**t**	**e**	**r**	s	t	**K**	r	p	**V**	**a**	**s**	**e**	d	r	o
g	**i**	x	**M**	**o**	**t**	**i**	**v**	**i**	**e**	**l**	**l**	**e**	**i**	**c**	**h**	**t**	**v**	y	m
h	**l**	ö	s	h	d	**p**	**e**	z	y	**a**	w	q	**e**	o	p	m	**ö**	e	**P**
r	**c**	b	c	n	n	**r**	**b**	**r**	**a**	**v**	x	t	**h**	b	v	t	**l**	i	**u**
K	**h**	ä	t	g	h	**i**	k	l	v	**i**	x	B	**i**	F	l	o	**l**	t	**l**
u	**e**	g	**S**	**i**	**l**	**v**	**e**	**s**	**t**	**e**	**r**	u	**n**	p	d	a	**i**	m	**l**
r	**n**	v	g	f	r	**a**	x	c	g	**r**	m	k	**t**	l	A	**S**	**g**	**v**	**o**
v	w	e	r	q	**d**	**t**	b	c	h	j	k	**D**	**e**	**t**	**e**	**k**	**t**	**i**	**v**
e	d	f	g	o	**a**	ü	m	x	w	s	**V**	**e**	**n**	**t**	**i**	**l**	g	**e**	**e**
r	**e**	**s**	**e**	**r**	**v**	**i**	**e**	**r**	**e**	**n**	**o**	q	**s**	t	m	**a**	e	**l**	**r**
g	o	p	c	h	**o**	n	m	e	t	d	**g**	x	**i**	h	i	**v**	**o**	**l**	**l**
n	b	s	t	o	**r**	a	i	v	a	**h**	**e**	**r**	**v**	**o**	**r**	**e**	w	a	s
v	**L**	**o**	**k**	**o**	**m**	**o**	**t**	**i**	**v**	**e**	**l**	**N**	**o**	**v**	**e**	**m**	**b**	**e**	**r**

waagrecht:
vor, evangelisch, Volk, Universität, Vetter, Vase, Motiv, vielleicht, brav, Silvester, Detektiv, Ventil, reservieren, voll, hervor, Lokomotive, November

senkrecht:
Kurve, Veilchen, davor, privat, Larve, Klavier, Vogel, Vieh, intensiv, Sklave, völlig, viel, Pullover

Haustiere – Vieh, vage – vielleicht, Ermittler – Detektiv, lieb – brav, Instrument – Klavier, ganz – voll, Blumengefäß – Vase, Zug – Lokomotive, buchen – reservieren, Monat – November

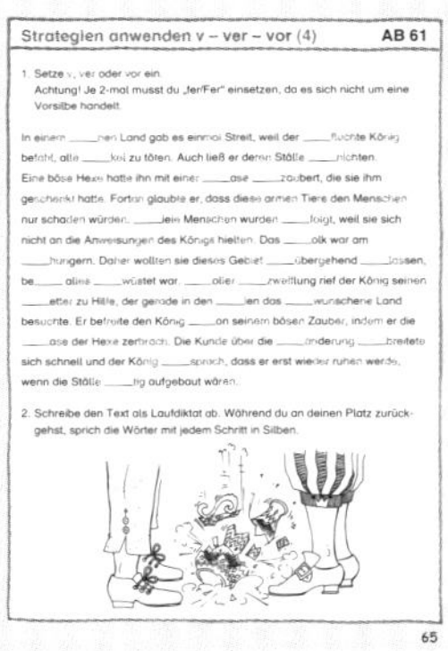

AB 61

fernen, verfluchte, Ferkel, vernichten, Vase, verzaubert, Viele, verfolgt, Volk, verhungern, vorübergehend, verlassen, bevor, verwüstet, Voller, Verzweiflung, Vetter, Ferien, verwunschene, von, Vase, Veränderung, verbreitete, versprach, fertig

das – dass (1) AB 62

das Haus – ein Haus – dieses Haus – jenes Haus

AB 62

das Fest – ein Fest – dieses Fest – jenes Fest
das Programm – ein Programm – dieses Programm – jenes Programm
das Ei – ein Ei – dieses Ei – jenes Ei
das Motto – ein Motto – dieses Motto – jenes Motto
das Glas – ein Glas – dieses Glas – jenes Glas
das Erlebnis – ein Erlebnis – dieses Erlebnis – jenes Erlebnis
das Buch – ein Buch – dieses Buch – jenes Buch
das Geräusch – ein Geräusch – dieses Geräusch – jenes Geräusch

Nomenklammer wird gesetzt:
das Auto, das Ferkel, das Märchen, das Land, das Geburtstagskind, das Spiel, das Boot, das Ufer, das Licht

Wir räumen dieses alte Auto auf. Dieses rosa Ferkel rennt im Hof herum. Er hört sich dieses alte Märchen an. Die Herde durchstreift dieses wilde, romantische Land. Dieses heutige Geburtstagskind bekommt dieses neue Spiel. Er lenkt dieses schnelle Boot auf dieses nahe Ufer zu. Dieses grelle Licht blendet mich.

das – dass (2) AB 63

Das ist unmöglich! – Dies ist unmöglich!

Er wohnt im Haus, das er gebaut hat.

Er wohnt im Haus, welches er gebaut hat.

AB 63

Er kann das sehen. Gib mir das Buch. Das ist das Gegenteil. Das ist gut! Das hat er gesucht.

Das Auto, welches er gekauft hat, ist nagelneu.
Er schätzt das Glück, das er gefunden hat. Ist das Motto, welches ihr gewählt habt, neu? Er setzt sich auf das Fahrrad, das wir ihm gekauft haben. Er hat sein Wissen, welches er dir erzählt hat, sich selbst beigebracht.

das – dass (3) AB 64

AB 64

Er hofft, dass du bald kommst.
Sie rechnet damit, dass er sie abholt.
Ich befürchte, dass sie nicht da ist.

Susi meint, dass heute ein schöner Tag zum Baden sei.
Kevin erwidert, dass sie das doch gar nicht wissen könne.
Susi beharrt darauf, dass sie es von ihrer Oma gehört habe.
Kevin meint, dass ihre Oma wohl vorhersagen könne.
Susi antwortet ihm, dass er ihre Oma nicht kenne.

Strategien anwenden das – dass (4) AB 65

AB 65

Die Lehrerin hat ein System entwickelt, das (welches) die Schüler dazu bringt, übers Wochenende etwas zu lernen. Sie erklärt den Schülern, dass derjenige 2 Tage frei bekommt, der ihr am Montag eine Frage richtig beantworten kann. Das (dieses) ist verlockend und die Kinder büffeln das (dieses) ganze Wochenende hindurch, denn sie hoffen, das sie es schaffen werden. Montag, erste Stunde: „Nun, meine Frage: Wie viele Bäume stehen im Schwarzwald?“ Betretenes Schweigen. Niemand weiß das (dieses). Am nächsten Wochenende wiederholt sich das (jenes) Spiel. Alle lernen, nur nicht Klaus. Er nimmt zwei Eier aus dem Kühlschrank, klebt sie zusammen, bemalt sie schwarz und legt sie montags auf das (dieses) Lehrerpult. Die Lehrerin betritt die Klasse, betrachtet das (dieses) Kunstwerk, das (welches) vor ihr liegt und fragt: „Nanu? Wer ist denn der Künstler hiervon?“ Klaus springt auf und sagt, dass er das (dies) wäre. „Tschüss bis Mittwoch.“

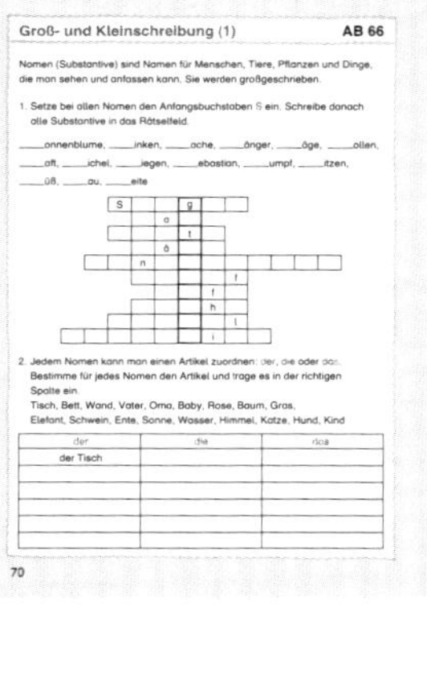
Groß- und Kleinschreibung (1) AB 66

AB 66

Sonnenblume, sinken, Sache, Sänger, Säge, sollen, Saft, Sichel, siegen, Sebastian, Sumpf, sitzen, süß, Sau, Seite

AB 66 (Fortsetzung)

Rätsel:

		S	ä	n	g	e	r				
			S	a	u						
		S	e	i	t	e					
			S	ä	g	e					
	S	o	n	n	e	n	b	l	u	m	e
			S	u	m	p	f				
				S	a	f	t				
			S	a	c	h	e				
		S	i	c	h	e	l				
S	e	b	a	s	t	i	a	n			

der: Tisch, Vater, Baum, Elefant, Himmel, Hund
die: Wand, Oma, Rose, Ente, Sonne, Katze
das: Bett, Baby, Gras, Schwein, Wasser, Kind

Groß- und Kleinschreibung (2) AB 67

AB 67

Spinne – die Spinne – eine Spinne
Tiger – der Tiger – ein Tiger
Lampe – die Lampe – eine Lampe
Buch – das Buch – ein Buch
Schrank – der Schrank – ein Schrank
Onkel – der Onkel – ein Onkel
Mutter – die Mutter – eine Mutter
Kind – das Kind – ein Kind

Beispiel für Nomen, die man nicht sehen und nicht anfassen kann:
die Freundlichkeit, die Traurigkeit, die Angst, die Krankheit, …

Groß- und Kleinschreibung (3) AB 68

AB 68

erkälten – die Erkältung, erlauben – die Erlaubnis, ärgern – das Ärgernis, berühmt – die Berühmtheit, fröhlich – die Fröhlichkeit, hindern – das Hindernis, falsch – die Falschheit, tapfer – die Tapferkeit, verbessern – die Verbesserung, halten – die Haltung, ehrlich – die Ehrlichkeit, dunkel – die Dunkelheit

AB 68 (Fortsetzung)

Lösungsvorschlag:
die Tanzschuhe, die Badewanne, das Lesezeichen, das Schlafzimmer, das Weißkraut (der Weißkohl), der Rotkohl (das Rotkraut), das Schweineschnitzel, das Laufband, die Sitzheizung, das Sofakissen, der Schwarztee

Groß- und Kleinschreibung (4) AB 69

Oft steht der Artikel nicht direkt vor dem Nomen.

Das **schlechte Wetter ist vorbei. Wir erwarten** einen **sonnigen Tag.**

1. Suche im Text Artikel und deren Nomen. Setze die Nomenklammer.

Es lebte einmal vor vielen Jahren eine alte Hexe. Das verfallene Hexenhaus hatte dringend eine gründliche Reparatur nötig. Die vielen Lebkuchenschindeln, welche die örtliche Bäckerei einst geliefert hatte, waren nicht mehr genießbar. Als der große Hänsel und die kleine Gretel vorbeikamen, wollten sie die alten Lebkuchen nicht mehr probieren. Das war ihr Glück. Anstatt die köstlichen Leckereien zu naschen, gingen sie vorbei und fanden nach einer langen Suche einen weiten Weg nach Hause.

2. Setze selbst ein Adjektiv zwischen den Artikel und das Nomen. Ändere, falls nötig, die Form.

der ______ Fuchs (schlau, blöd, braun)
der ______ Kater (faul, gestiefelt, getigert)
das ______ Entlein (grau, hässlich, groß)
die ______ Fee (gut, böse, lustig)
der ______ Wolf (alt, böse, freundlich)

73

AB 69

Nomenklammern werden erwartet:
eine Hexe; das Hexenhaus; eine Reparatur; die Lebkuchenschindeln; die Bäckerei; der Hänsel; die Gretel; die Lebkuchen; die Leckereien; einer Suche; einen Weg

der schlaue Fuchs, der gestiefelte Kater, das hässliche Entlein, die gute Fee, der böse Wolf

Groß- und Kleinschreibung (5) AB 70

Neben den Artikeln gibt es noch andere Wörter, die auf ein Nomen hinweisen:

Unser **Nachbar hat** drei **brave Hunde.**

Notiere die fehlenden Hinweiswörter und setze die Nomenklammer. Die Wörter unten helfen dir dabei.

Wölfe sind Raubtiere

____ Wölfe leben ____ großen Rudeln. ____ muskulöser Körper ist perfekt für ____ gefährliche Jagd ausgestattet. ____ lange, dünne Beine eignen sich gut ____ lange Hetzjagden. ____ scharfe Eckzähne und ____ kräftige Backenzähne zeigen, dass Wölfe ____ reinen Pflanzenfresser, sondern Fleischfresser sind. Sie jagen ____ große und kleine Tiere in ____ weitläufigen Revieren. ____ guter Geruchssinn hilft ihnen ____ weiter Entfernung, Beute wie Rentiere und Hirsche, aber auch Mäuse und Eichhörnchen, aufzuspüren. ____ erwachsener Wolf frisst ____ normalen Tagen bis zu ____ Kilogramm Fleisch. ____ langer Hungerszeit ist ____ leerer Magen bereit, noch viel größere Fleischmengen zu vertilgen. Bei ____ Jagd wird ____ ausgewähltes Tier ____ gesamten Rudel umzingelt. Blitzschnell greifen ____ Wölfe an und erlegen ____ Opfer.

alle, an, aus, der, die, ein, ein, für, ihr, ihr, ihr, ihren, in, keine, mehrere, mehrere, nach, sein, verschiedene, vier, vier, vier, vom

74

AB 70

Reihenfolge der Hinweiswörter im Text:
Alle, in, Ihr, die, Vier, für, Vier, mehrere, keine, verschiedene, ihren, Ihr, aus, Ein, an, vier, Nach, sein, der, ein, vom, mehrere, ihr

Nomenklammern werden erwartet:
Alle – Wölfe; in – Rudeln; Ihr – Körper; die – Jagd;
Vier – Beine; für – Hetzjagden; Vier – Eckzähne;
mehrere – Backenzähne; keine – Pflanzenfresser;
verschiedene – Tiere; ihren – Revieren; Ihr – Geruchsinn;
aus – Entfernung; Ein – Wolf; an – Tagen;
vier – Kilogramm; Nach – Hungerszeit;
sein – Magen; der – Jagd; ein – Tier;
vom – Rudel; mehrere – Wölfe; ihr – Opfer

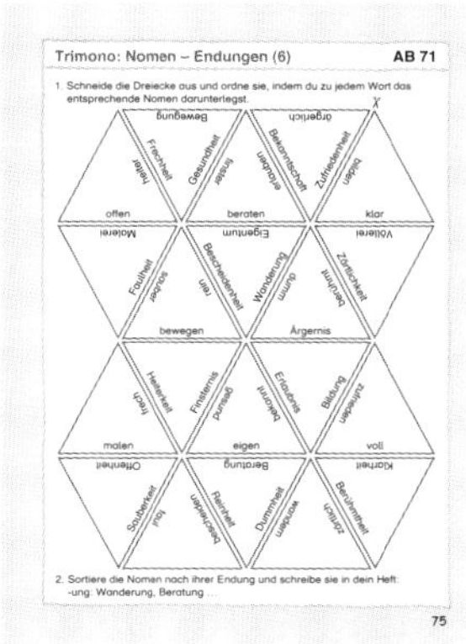
Trimono: Nomen – Endungen (6) AB 71

AB 71

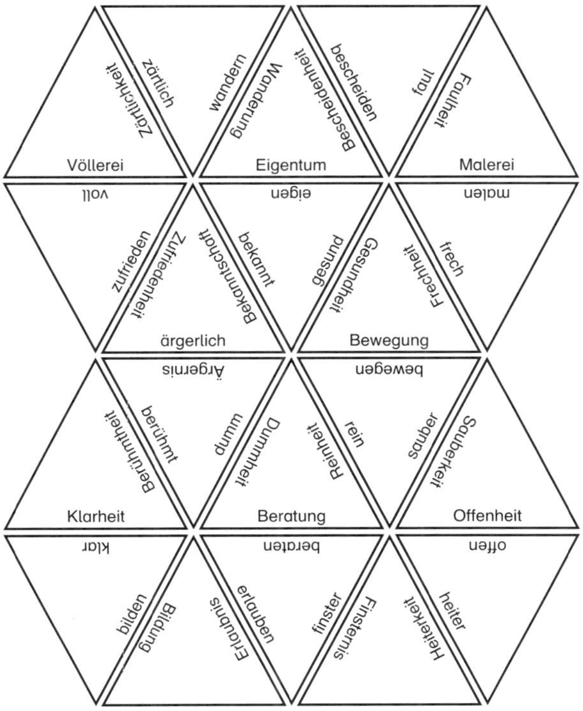

Groß- und Kleinschreibung (7) AB 72

AB 72

Tabelle:

Pronomen und Präpositionen können frei gewählt werden. (Großschreibung des nominalisierten Verbes!)

Mögliche Lösung:

Das Rennen im Schulhaus ist nicht erlaubt. Das Pfeifen im Unterricht ist nicht gestattet. Während der Stunde ist das Singen verboten. Das Schlagen ist verboten. Das Treten ist nicht gestattet. Das Werfen mit Radiergummis ist nicht erwünscht. Das Kauen von Kaugummi ist nicht erlaubt. Im Unterricht ist das Essen verboten.

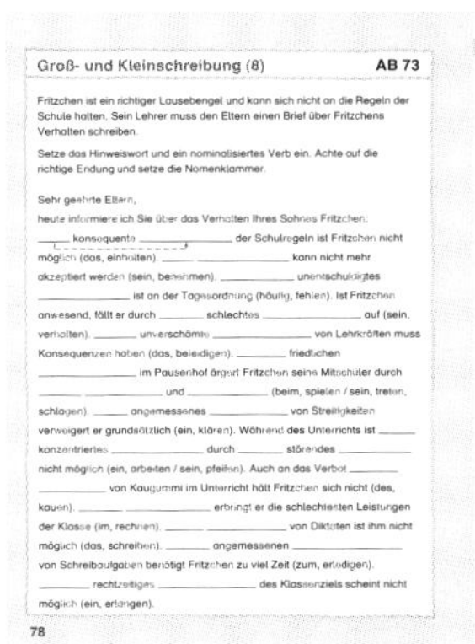
Groß- und Kleinschreibung (8) AB 73

AB 73

Das konsequente Einhalten … / Sein Benehmen … / Häufig unentschuldigtes Fehlen … / … sein schlechtes Verhalten … / Das unverschämte Beleidigen … / Beim friedlichen Spielen … / … sein Treten und Schlagen … / Ein angemessenes Klären … / … ein konzentriertes Arbeiten … sein störendes Pfeifen … / … des Kauens … / Im Rechnen … / Das Schreiben … / Zum angemessenen Erledigen … / Ein rechtzeitiges Erlangen …

Groß- und Kleinschreibung (9) **AB 74**

Auch Adjektive können als Nomen gebraucht werden.
Folgende Hinweiswörter helfen dir, nominalisierte Adjektive zu erkennen:

Artikel (der, die, das, den, ein, eine)
Mengenwörter (alle, viele, mehrere, manche, wenige, keine, nichts ...)

Das Lustige war, dass der Clown auf dem Schwein geritten ist.

Es versprach nichts Gutes.

Die Schüler berichten vom Zirkusbesuch.
1. Bringe die Wörter in die richtige Reihenfolge. Achte auf die Großschreibung nominalisierter Adjektive. Setze die Nomenklammer.

viel, war, buntes, in der Zirkusvorstellung

war, gute, das Zirkusorchester, das

lustiges, in der Manege, war, zu sehen, viel

war, nichts, witziges, an der Tigerschau

Auch Farbadjektive können zu Nomen werden.
Die Ampel ist rot. (Wie?) aber: Die Ampel springt auf Rot. (Was?)
2. Setze die Farben richtig ein. Achte auf die Großschreibung.

Die Tulpen sind ______ Das Haus hat die Farbe ______ (gelb)
Die Bank ist in ______ gestrichen. Der Himmel ist heute ______ (blau)
Seine Lieblingsfarbe ist ______ Die Erde ist ______ (braun)
Die Wiese ist ______ Für seinen Anzug wählte er ______ (grün)

79

AB 74

Lösungsvorschläge:
In der Zirkusvorstellung war viel Buntes.
Das Gute war das Zirkusorchester.
Viel Lustiges war in der Manege zu sehen.
Nichts Witziges war an der Tigerschau.

Die Tulpen sind gelb. Das Haus hat die Farbe Gelb.
Die Bank ist in Blau gestrichen. Der Himmel ist heute blau.
Seine Lieblingsfarbe ist Braun. Die Erde ist braun.
Die Wiese ist grün. Für seinen Anzug wählte er Grün.

Groß- und Kleinschreibung (10) **AB 75**

Für die Großschreibung von Zeitangaben gibt es Regeln.
1. Werden Zeitangaben als Nomen verwendet schreibt man sie groß.
der **Montag**, der **Morgen**, am **Mittwoch**, ein **Samstagabend**
2. Zeitadverbien werden kleingeschrieben.
gestern, morgen, montags, mittags
3. Nach Zeitadverbien (heute, gestern, morgen ...) werden Tageszeiten groß geschrieben.
heute **Morgen**, vorgestern **Mittag**

Detektiv Gustav erfährt von Gauner Ede folgende Geschichte. In der Geschichte ist ein Fehler. Kannst du ihn finden?
Setze die Zeitangaben ein. Achte auf Groß- und Kleinschreibung.

„Also ____estern, am ____reitagmorgen war ich zunächst beim Friseur, denn ____reitags gehe ich immer zum Friseur. Aber diesen ____reitag musste ich den Salon gleich wieder verlassen, da mein Friseur am ____bend zuvor zu lange in der Disco war. Er geht immer ____onnerstags Tanzen. An diesem ____bend jedoch hatte er einen Freund getroffen, den er lange nicht gesehen hatte – zuletzt ____orgestern ____ittag. Sie hatten sich daher viel zu erzählen. Ich verließ also ____estern ____orgen das Geschäft und machte mich auf den Weg zum Supermarkt. Bis ich ankam war es schon ____achmittag. Und siehe da, ich sah meinen Friseur, wie er am ____reitagnachmittag in aller Ruhe einkaufte. Er berichtete, wie er ____ags zuvor seinen Bekannten getroffen hatte und am ____eutigen ____orgen nicht zur Arbeit gehen konnte. In diesem Gespräch sagte er mir zu, dass ich am ____ontagmittag, also ____bermorgen zum Haare Schneiden kommen könnte. Üblicherweise arbeitet er nicht ____ontags, da er aber die Stunden vom ____reitagmorgen nachholen müsse, wollte er dies ____bermorgen ____ittag tun. Ich freue mich also auf den Termin am ____ontag."

Fehler: RED RUESIRF ETTAH NED DNUERF MA GATTIMGATSRENNOD NEFFORTEG. SE TMMITS THCIN, SSAD EIS HCIS EGNAL THCIN NEHESEG NETTAH.

80

AB 75

gestern, Freitagmorgen, freitags, Freitag, Abend, donnerstags, Abend, vorgestern Mittag, gestern Morgen, Nachmittag, Freitagnachmittag, tags, heutigen Morgen, Montagmittag, übermorgen, montags, Freitagmorgen, übermorgen Mittag, Montag

Groß- und Kleinschreibung (11) **AB 76**

Wer ist Mister X?

Notiere die Rätsel mit der Lösung in richtiger Groß- und Kleinschreibung.

MISTER X MAG KEINEN SONNENSCHEIN. ER LIEBT DAS KALTE UND EISIGE. DAS ORANGE SEINER NASE GEFÄLLT IHM. NNAMEENHCS

DAS SINGEN FÄLLT MISTER X NICHT SCHWER. AUCH DAS BERICHTEN ÜBER WICHTIGE NEUIGKEITEN IST FÜR IHN EINE LEICHTIGKEIT. OIDAR

MISTER X EIGNET SICH SEHR ZUM BADEN. DAS SPRINGEN VOM RAND IST JEDOCH NICHT GESTATTET. MEIST BEFINDET SICH MISTER X IM BADEZIMMER. ENNAWEDAB

MISTER X SCHÜTZT MENSCHEN VOR DEM KALTEN UND NASSEN IN DER NACHT. ER WIRD MEIST ZUM SCHLAFEN GENUTZT ODER ZUM FEIERN BEI FESTEN. TLEZ

81

AB 76

Mister X mag keinen Sonnenschein. Er liebt das Kalte und Eisige. Das Orange seiner Nase gefällt ihm. (Schneemann)
Das Singen fällt Mister X nicht schwer. Auf das Berichten über wichtige Neuigkeiten ist für ihn eine Leichtigkeit. (Radio)
Mister X eignet sich sehr zum Baden. Das Springen vom Rand ist jedoch nicht gestattet. Meist befindet sich Mister X im Badezimmer. (Badewanne)
Mister X schützt Menschen vor dem Kalten und Nassen in der Nacht. Er wird meist zum Schlafen genutzt oder zum Feiern bei Festen. (Zelt)

Groß- und Kleinschreibung (12) AB 77

Groß- und Kleinschreibung (12) AB 78

AB 77 / 78

Prinzessin Rosig und Prinz Eisig

Es lebte vor langen Jahren eine Prinzessin namens Rosig in ihrem Königreich. Prinzessin Rosig war wunderschön mit einer zarten, hellgelben Haut, sonnengelben Haaren, zu welchen ihre Kleider, die sie in Rot, Orange und Gelb besaß, besonders gut standen. Ihre Augen leuchteten in einem wunderschönen Rot, ebenso wie ihre Lippen. Ihre Krone war wunderschön gold, mit rot und orange funkelnden Edelsteinen besetzt. Alles in ihrem Sonnenkönigreich wirkte warm und angenehm. Die Häuser waren in Gelb gestrichen, die Fenster Orange und die Dächer Rot. Wiesen, Bäume und selbst der Himmel waren stets in roten, gelben oder orangenen Farbtönen. Alle Menschen trugen wunderschöne Kleider in eben diesen Farben. Alle fühlten sich wohl im Königreich der warmen Farben.

Zur gleichen Zeit regierte Prinz Eisig sein Königreich im Land des Meeres. Prinz Eisig war ein schöner junger Mann mit einer zarten, hellgrünen Haut, dunkelblauen Haaren und leuchtend blauen Augen. Seine Gewänder ließ er stets in Blau- und Grüntönen fertigen, sodass sie auch zu seiner grünen Krone, die mit blauen Edelsteinen besetzt war, passtenSein ganzes Königreich war in kalten Farben gehalten. Die Häuser, die Bäume und auch die Menschen kannten nur die Farben Grün und Blau. Alle Bewohner des Königreiches fühlten sich wohl im Land der kalten Farben.

Eines Tages erfuhr Prinz Eisig von der Schönheit der Prinzessin Rosig und wollte sie gerne kennen lernen. Er nahm die weite Reise vom Meer zur Sonne auf sich, um sich mit ihr zu treffen. Als er ankam, war er geblendet von den vielen warmen Farben im Königreich der Sonne. Alle Menschen sahen ihn verwundert an. Die Farbe seiner Haare, seiner Haut und seiner Kleider waren den Bewohnern des Sonnenreiches fremd. Prinzessin Rosig war von Prinz Eisig sofort angetan und verliebte sich in ihn. Sein Aussehen war so besonders und anders als bei allen Menschen, die sie bislang kannte.
Prinz Eisig fühlte sich jedoch bei all den warmen Farben nicht wohl. Er schwitzte und seine Augen schmerzten.

AB 77 / 78 (Fortsetzung)

Prinzessin Rosig wollte jedoch unbedingt bei Prinz Eisig bleiben und beschloss an einem schönen Morgen, ihr Königreich zu verlassen, um das Königreich zu verlassen, um das Königreich des Meeres zu besuchen.
Als sie das Königreich von Prinz Eisig betrat, fielen ihr sofort die vielen kalten Farben auf. Sie begann augenblicklich zu frieren und ihre Augen wurden trüb von dem kühlen Licht. Alle Bewohner des Königreiches schauten Prinzessin Rosig verwundert an. Nie hatten sie jemanden mit gelben Haaren, einer zartgelben Haut und einem roten Kleid gesehen. Prinzessin Rosig fühlte sich jedoch in all den kalten Farben auch nicht wohl. Sie würde hier niemals leben können.
Doch auch Prinz Eisig hatte sich in Prinzessin Rosig verliebt, weil sie so besonders für ihn war. Nie zuvor hatte er so jemanden kennen gelernt.
Er wollte sie nicht verlieren. Beide wussten sich keinen Rat. Wo sollten sie zusammen wohnen, wenn sich Prinz Eisig im Königreich der warmen Farben und Prinzessin Rosig im Königreich der kalten Farben nicht wohl fühlen konnten? Sie überlegten viele Stunden.

Plötzlich hatte Prinzessin Rosig eine Idee. Sie erinnerte sich an den Weg vom Königreich der Sonne zum Königreich des Meeres, den sie mit Prinz Eisig gereist war. „Hast du nicht dieses Land ohne Farben gesehen?
Alles war dort grau und öde und niemand wohnte dort. Da könnte ich mir vorstellen mit dir und unseren Völkern zu leben“, sprach Prinzessin Rosig. Ebenso empfand es Prinz Eisig. Gemeinsam machten sie sich am nächsten Morgen auf den Weg. Sie holten alle ihre Untertanen, Häuser, Tiere und Pflanzen mit in das neue Land ohne Farben. Als alle angekommen waren, mischten sich die Menschen des Königreichs der warmen Farben mit den Menschen des Königreichs der kalten Farben.
Bald stellten Prinzessin Rosig und Prinz Eisig fest: Dies ist nicht mehr das Land ohne Farben. Es ist das Land aller Farben – und sie nannten ihr neues Königreich – Erde.